9. Auflage 1995

Umschlaggestaltung: Carsten Buschke, Solingen
unter Verwendung von Zeichnungen von Otto Dicke

Druck und Bindung: Interpress,
Budapest

ISBN 3-7893-7071-1

Hans Bouma/Otto Dicke

Willkommen

Wünsche für ein junges Leben

ONCKEN VERLAG WUPPERTAL UND KASSEL

erträumt, erhofft
voller Sehnsucht erwartet

wie ein ungesprochenes Wort
mit Mühe entbunden

in eine Welt
voller Staunen

ein kleines Wesen
Zartheit

weil ein Kind
mehr ist
als ein Kind

ein Mensch
nie vorher gewesen

ein Mensch
unvergleichbar

ein Mensch
unantastbar –

nenne ergriffen
von Rührung
seinen Namen

seinen unwiderruflichen
Namen

du Kind
ihrer Träume

einzigartig
kamst du ans Licht

auf den Strand
ihrer Erwartung

zappelndes Leben
offen, nackt

verwirrend
bestürzend
deine Ursprünglichkeit

dein Kind
nicht dein Besitz

ganz abhängig
ganz frei

nicht gemacht
sondern geschaffen

Gebärde
des Schöpfers

Glück
dir nur so

in den Schoß
gefallen

noch keinen Abstand
dicht an der Quelle

Haut an Haut
mit der Schöpfung

Kind zu Hause
in dem Geheimnis

zieh es nicht weg
laß es ruhen

nur eben noch
und es ist für immer vorbei

wie Gott sie

in den Sinn nahm
bei der Hand nahm
ans Herz nahm

wie Gott sie
nannte

nannte
und beim Namen rief –

dein höchstes Glück –
was du mit Gott erlebst

das soll das Glück auch
deines Kindes sein

dein Gott ist sein Gott
dein Vater sein Vater

so barmherzig
ist Gott

dein ganzes Menschsein
bringt er ans Licht

viereinhalb Milliarden

braucht es da wirklich
noch ihn?

jetzt jedenfalls
wird er gebraucht
von Gott

er lebt
er hat einen Namen

er ist da

ein Kind –

es ist da
du gibst ihm Raum

Raum
für einen Anfang

einen Anfang
unabhängig von dir

erst wenn du
Raum gibst
von dir

ist es wirklich da

ist es Spiel
ist es Ernst

sie betastet
und prüft

die Wände
ihrer Welt

Welt
auf Welt
öffnet sich

wundert sich
fragt
und fragt –

nichts
spricht von selbst
alles ist Geheimnis

unterbrich sie nicht
verschweige nicht

hör zu
hör andächtig zu

und flüstere
was du weißt

Kinder –
Gedanken Gottes

Schöpfung
liebevoll hervorgebracht

den Eltern
das Vorrecht
sie zu entfalten

ebenso schöpferisch
ebenso liebevoll

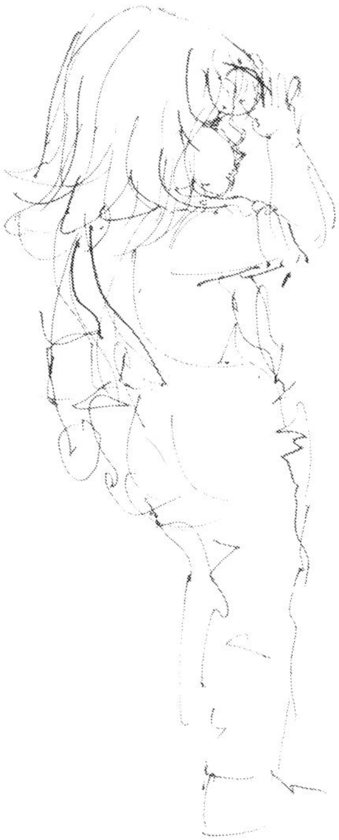

sieh
wie Jesus ihnen
seinen Segen gibt

sie sind dafür
gering und empfänglich
genug

er umarmt sie
trägt sie
im Herzen

arglos
spielend
weissagen sie
die Zukunft

buchstabieren
das Reich

weh dem
der sie irreführt
im Stich läßt, betrügt

warum
wurde er geboren

ist er je Kind gewesen

ein Mensch
ohne Zukunft

wird die Welt
größer

stets kleiner
wird die Welt

die liebste Welt
die es gibt

die Welt
seiner Träume

was Gott
in ihm sieht?

sein Bild
sein Gleichnis

einen
der lieben kann

schöner sind sie
die Kinder
wärmer, irdischer

so eins
mit ihrem Körper

so lebendig
mit Haut und Haar
Herz und Seele

schöner sind sie
die Kinder

Glanzlichter
unseres Lebens

ein Versprechen

Gott spielt
mit den Tieren

Gott spielt
mit den Kindern

ein Gott
der den guten Anfang
nicht vergessen kann

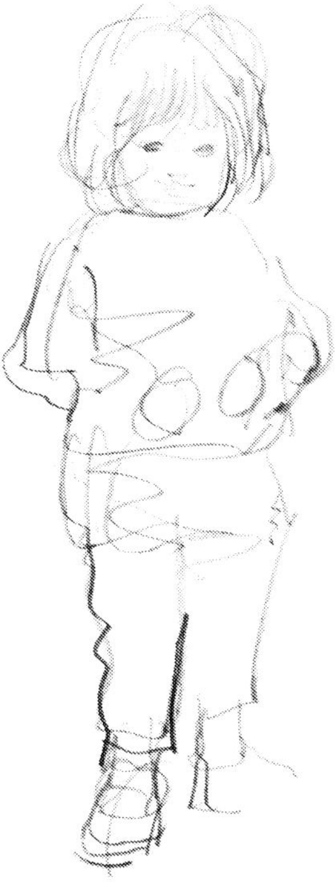

daß Gott sein Vater ist –

eine ganze Sorge weniger

eine ganze Sorge mehr

eine verschmutzte
vergiftete

auch noch
durch Atombomben
bedrohte Erde –

mein Gott
was tun wir
unseren Kindern doch an

alle ihre Träume
vernichten wir

als ob sie
unsere größten
Feinde wären

ihnen doch immer wieder
die Geschichte erzählen

die brennende Geschichte
von Hoffnung und Protest

ihnen doch immer wieder
vor Augen malen

das Bild
einer blühenden Erde

nicht den Fakten
sondern Gott
das letzte Wort lassen

dem Gott der Väter
der auch ein Gott
der Kinder ist

hundert Träume
wird er
aufgeben müssen –

wenn er nur festhält
an dem einen

dem Traum
seines Schöpfers

von einer Erde
voller Frieden

ob sie mitspielen wird
in der Geschichte vom Auszug

ob ihr Leben
so spannend werden wird –

an Gott wird es nicht liegen

ihren Namen
hat er sich schon aufgeschrieben

haltet ihn nur
nahe der Erde

nahe den Blumen
den Bäumen den Tieren

damit er
seinem Ursprung
nicht fremd wird

langsam erkaltet
immer einsamer wird

ein Gott
der seinen Namen kennt

ein Gott
der hinter ihm steht

ein Gott
der zu ihm steht

ein Gott
der etwas Großes
von ihm erwartet

ihn lehren
was Liebe ist

ihn einüben
in die Hoffnung

ihn gewöhnen
an seinen Gott

er hat Anrecht darauf
ist darauf angelegt

dazu ist er Mensch

wenn er auch nur
einen Bruchteil behält

von der Offenheit
und dem Vertrauen

mit denen er der Welt
jetzt gegenübertritt

dann ist er nicht vergebens
Kind gewesen

Name
irgendwann genannt

Wärme
irgendwann gefühlt

Vision
irgendwann gehegt

genug
um in Widerstand und Hoffnung
Mensch zu sein

Boden unter seinen Füßen

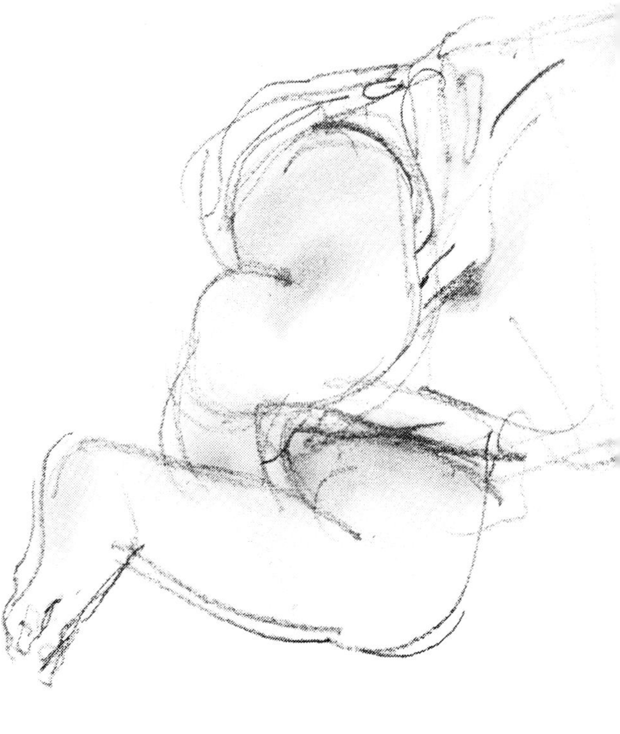